COMO FAZER BOAS APRESENTAÇÕES
Um guia simples e fácil para iniciantes em oratória

Prof. Danilo Mota

Índice

Introdução

Capítulo 1: Vencendo o medo de se apresentar

Capítulo 2: O antes, o durante e o depois

Capítulo 3: Os próximos passos

Conclusão

Referências

Dedicatória:

Este livro é dedicado a todos os que apoiam o meu trabalho. Como professor, tenho descoberto um novo caminho de chegar até as pessoas, de as tocar pelas palavras. E isso tem sido muito estimulante pra mim. Gratidão mais que especial a minha família, a minha esposa Kétnei e meus dois filhos Mari e Gui. Como sempre digo, tudo foi feito para vocês e por vocês.

INTRODUÇÃO

Durante a nossa jornada, é sempre importante dominarmos algumas habilidades. Uma coisa que aprendi então ao longo do tempo lutando contra a timidez e a introversão, foi estudar para dominar como eu poderia me apresentar melhor em público.

Percebi que a oratória é uma habilidade curinga, pois onde você estiver, se você fala bem, pode chamar a atenção das pessoas e passar a sua mensagem. Se sua explanação for assertiva, suas chances de conseguir um emprego, resolver o problema do cliente ou mesmo apenas vender uma ideia serão potencialmente maiores

Existem outras habilidades curinga como por exemplo, a linguagem corporal, a criatividade etc. Perceba que são habilidades que vão te ajudar em todas as ocasiões. É como se você tivesse um canivete suíço e toda vez que precisasse, recorresse a ele.

É importante lembrar que para algumas pessoas, levantar-se para fazer uma explanação em público não é nenhuma dificuldade.

<u>Mas se você está aqui lendo o livro, creio que esse não é o seu caso.</u>

E é para as muitas pessoas que não desenvolveram ainda essa destreza de falar, que escrevo esse livro.
Pois bem. Falar em público podemos dizer que é simples, mas não é fácil. Se alguém falar que é fácil, para mim estará mentindo. <u>Verdade seja dita: É algo que vai ficando mais fácil com o tempo e prática.</u>

E o que veremos aqui neste livro? No primeiro capítulo, falaremos sobre alguns aspectos do medo de falar e como esse processo acontece. Já adianto que esse medo não desaparece por completo.

O ideal é que o medo seja usado como força para motivar a sua performance.

No segundo capítulo, o foco é bem para iniciante sem oratória, onde daremos direções sobre o que fazer no antes, no durante e no depois da sua apresentação.

Depois de entendido os aspectos do medo e do processo da apresentação, vamos focar em elementos como a retórica, metáforas, linguagem corporal e outros.

Após as considerações finais, tem links de mapas mentais para consulta, para que você possa ter materiais adicionais para aperfeiçoar o seu aprendizado. Nas Referências do livro, também há links de materiais extras para você pesquisar e aprender.

Finalizando esta introdução, é importante dizer que para falar diante das pessoas, você precisa articular uma série de coisas como a questão de transmitir o conteúdo, habilidade de contar histórias, organização, domínio do tempo dentre tantos outros. Neste livro então, vamos mergulhar nesses assuntos de forma leve e prática. Eu estou empolgado e espero que você também esteja para que possamos assim aprender juntos.

Vamos em frente.

CAPÍTULO 1:

Vencendo o medo de se apresentar

Uma fala sobre o medo
De acordo com um estudo da Harvard, a ansiedade que ocorre nesse momento é uma herança pré-histórica. Desde tempos antigos, tomar a palavra e discursar, envolve estar exposto. Essa exposição nos coloca diante dos olhares, dos pensamentos, dos julgamentos alheios.

Aprendemos desde o seio materno que precisamos ganhar, não podemos ser bobos, temos que defender nosso território e temos que ser relevantes para as pessoas. Como seres sociais, é inegável nos importarmos com a ideia de como estamos sendo vistos pelas pessoas. E é a partir daí que o medo de falar para a plateia começa a fazer sentido.

No fim das contas, o medo de falar então é bem razoável e podemos dizer que é até lógico. Temos medo de falar por estar em posição de exposição, de vulnerabilidade. A única arma que temos naquele momento é o poder da fala.

O que pode confortar é que oradores, cantores, apresentadores de TV e tantos outros concordam que o medo NUNCA vai embora. É isso. Mesmo que você se sinta super confortável em estar na frente da plateia, o medo (pelo menos inicial) não vai desaparecer.

Agora que você está ciente de onde vem o medo, cabe agora assumir que precisamos usar a energia do medo a favor da apresentação.

Então, antes de começar a falar da oratória em si, duas coisas são importantes de serem ditas. E isso consiste no fato de que:

1. Você não está sozinho

Para pesquisadores, o medo de falar em público é denominado de glossofobia (Sim, o nome é estranho mesmo). Segundo uma pesquisa nos EUA, o medo de falar em público afeta 4 em cada 10 americanos e é comum ser classificado como um dos 10 maiores medos das pessoas no mundo.

Para se ter uma ideia, uma pesquisa recente realizada com 1000 jovens da geração Y e Z pela consultoria *Penn Schoen Bertland* identificou que o medo de falar em público aparece ao lado do medo de acidentes de trânsito, da morte, cobras e tantos outros.

Uma outra pesquisa nos Estados Unidos, revelou que 30% dos americanos relataram ter algum ou muito medo de falar em público. Esse medo é tão recorrente, que tem despertado o interesse da comunidade científica em entender melhor esse problema.

Analisando friamente, antes mesmo da apresentação, é comum a ansiedade bater e surgirem questões como:

"Será que o público vai gostar de mim?"
"O que fazer se der um branco?"
"E se as pessoas rirem de mim quando eu falar?"

Muitas pessoas me relatam que de forma geral, o medo de serem julgadas é o maior responsável pelo pavor em se apresentarem.

Conclusão: o medo de falar em público é normal e afeta milhares e milhares de pessoas no mundo todo. Então, fique tranquilo ao admitir o seu medo e o seu receio de discursar.

Após essa reflexão sobre o medo de falar, **você precisa tomar a decisão de melhorar nessa habilidade.** Depois, você precisará focar em pessoas que conseguem se apresentar além do medo. Ou seja, é preciso investir o seu tempo para aprender a enfrentar esse medo e a melhorar. O primeiro passo você já deu ao tomar a atitude de ler este livro!

Continue agora na direção de modelar pessoas que falam bem. Procure alguém que te inspire em termos de oratória e comece a estudar essa pessoa. Por exemplo, no início eu sempre gostei do estilo do Dr. Lair Ribeiro. Eu sempre procurei modelar a forma, o jeito, os recursos que ele usava para falar.

Hoje tenho outros profissionais do mercado que admiro e recomendo que você também procure alguém de referência na sua área, alguém que você enxerga como uma pessoa que se apresenta bem. Então, vá modelando e no início, use o mesmo formato. Vá testando o que dá para você usar no seu contexto e se aquela determinada técnica deu resultado pra você. Fazendo assim você vai dar um passo importante para uma melhor oratória.

2. Você pode vencer o medo
Um estudo com estudantes de graduação em Ciências da Computação questionou se o auxílio de um profissional os ajudaria a superar o medo de falar. Como resultado, 95% dos participantes acreditavam que com a ajuda de ferramentas corretas, seria possível vencer o medo de discursar em público.

Assumindo esse ponto de obter uma ajuda, o que eu recomendo é que você nunca pare de aprender e se aperfeiçoar em sua oratória. Modele pessoas, pratique e tendo disponibilidade, faça cursos também visando aplicar os conceitos teóricos.

Outro ponto importante são os livros e eu estou contribuindo com você aqui passando a minha experiência. Mas, também leia outros materiais e aí eu recomendo conteúdos sobre retórica, argumentação, linguagem corporal, persuasão e outros.

Ainda para superar o medo, tenha uma mente voltada a assumir uma postura de se dispor a falar em todas as oportunidades que você tiver. Seja uma simples opinião na sala de aula ou no trabalho, fazendo uma prece na igreja, ou mesmo o cafezinho na padaria. Toda ocasião em que você enxergar que há espaço para uma boa conversa, pratique.

Agora chegou a hora de falarmos sobre algumas estratégias de oratória em si para você desbloquear. A jornada rumo a uma comunicação mais assertiva vai começar. Vamos em frente!

Trabalhando para reduzir a ansiedade

Chegou a hora de você se apresentar. Você vai ser anunciado, vai subir no palco ou ir à frente, tomar a palavra e começar o seu discurso. O nervosismo então vai fazer parte desse processo. Mas é possível diminuir essa tensão?

Sim, e as técnicas usadas por grandes apresentadores estão a seguir:

1. Trabalhe a sua respiração
Como já dito, a reação de medo de uma multidão está conosco e é muito comum. A notícia boa é que podemos controlar nosso instinto de bater ou correr com uma simples técnica de respiração.
- Primeiro, sente-se numa cadeira com os pés apoiados ao chão e as pernas formando um ângulo de 90 graus;
- Relaxe;
- Respire enchendo o peito totalmente;
- Segure por 10 segundos;
- Expire;
- Segure sem respirar por 10 segundos;
- Em todo o processo, preste atenção à sua respiração;
- Repita 3 vezes.

2. Ajeite sua postura (ou linguagem corporal)
A linguagem corporal é muito interessante e o seu impacto vai além da saúde por ter uma postura adequada. O impacto dos gestos não-verbais afetam as emoções e o modo como a nossa imagem é gerada.

Daí vem a pergunta: Mas como usar os gestos corretamente?

Um dos grandes problemas de qualquer pessoa ao se apresentar, é o fato de muitas pessoas te olhando.

No entanto, você deve buscar canalizar a energia dos rostos chamando as pessoas pelo nome – se possível – ou mesmo focar em alguns estilos para capturar a atenção das pessoas, como:

- **Postura Neutra:** comece com uma postura neutra, mantendo as mãos ao lado do corpo ou atrás das costas.
- **Postura Aberta:** aqui você pode focar em começar com uma imagem mais aberta, mostrando suas mãos o tempo todo e já iniciando com uma movimentação breve.
- **Postura Forte:** faça movimentos e uma entrada mais forte com gestos mais firmes e contundentes. Só evite demonstrar ser grosseiro. Evite por exemplo apontar o dedo para a plateia.

Mais à frente, vamos abordar a postura na questão da linguagem corporal ancorada em um estudo científico.

Por hora e finalizando o assunto postura, procure ter um andar firme e quando for ficar parado, assuma uma posição com os dois pés separados na largura dos ombros. Isso no dia a dia, vai criar uma imagem positiva das pessoas em relação a você.

3. O poder da visualização

Algumas pessoas gostam de criar uma âncora para fazerem algo. Eu já testei isso e isso envolve criar o momento mental da sua apresentação.

Alguns não acham isso interessante, então eu vou deixar para você decidir. Peço pelo menos que teste visualizar mentalmente o dia, o local e como você vai fazer a sua defesa. Tente visualizar as perguntas, o semblante das pessoas. Você pode imaginar e desenhar mentalmente a sequência do seu conteúdo, como vai fazer sua abertura, seu fechamento, que autores vai citar...

Se fizer sentido, use o poder da visualização para se preparar também e reduzir o estresse. Acho que esse processo também faz parte da preparação para a sua apresentação.

O que a PNL recomenda
Outro recurso que podemos usar e que profissionais de Programação Neurolinguística defendem é criarmos um gatilho neurofisiológico. Esse gatilho é usado por atletas, por exemplo. O ex-nadador brasileiro César Cielo, antes de entrar na piscina, batia suas mãos no peito, num gesto de elevação do estado de ação.

Outro exemplo é o palestrante Tony Robbins. Quando ele vai entrar no palco, faz um ritual de dar pulos e bater palmas. Ele mesmo já declarou que esse gatilho fisiológico faz com que seu cérebro envie uma mensagem ao corpo dizendo: "chegou a hora".

Sugiro então você testar o gatilho fisiológico. Você pode criar um ritual simples para "elevar" a sua adrenalina. Eu já experimentei esse mecanismo e percebi que o estado de concentração melhorou.

Desde então, sempre uso esse gatilho. No meu caso, eu começo a repetir algumas palavras de confiança e se o local permitir, digo essas palavras bem alto. Recomendo que você crie e teste gatilhos que o façam elevar sua estrutura corporal e de pensamento. Faça o teste.

Já fizemos uma reflexão sobre o porquê do medo de falar e sobre alguns recursos simples para controlar o nervosismo. Agora chegou o momento de falarmos sobre os elementos da apresentação em si. Sigamos em frente.

6 passos para dominar o palco em apresentações

Passo 1. Planejamento: domine o conteúdo
Vamos focar aqui nos 6 elementos que vejo primordiais para você fazer uma apresentação honesta e simples.

O primeiro e mais básico é ter o conhecimento necessário do assunto que você vai falar. Isso parece simples, mas começa a ficar complicado quando refletimos sobre a quantidade de conteúdo disponível atualmente.

Quando você começar a recolher material para uma palestra ou mesmo para uma aula, você vai se deparar com artigos em sites, vídeos do Youtube, programas de TV... Ou seja, se você pensar, existe uma "maldição do conhecimento" quando alguém se propõe a fazer uma palestra.

Então é preciso separar uma quantidade de material e depois parar e começar a fazer o estudo e os resumos do tópico. Saber a dosagem certa entre essas fases, na verdade é uma arte e não tem receita pronta.

Se você não tem experiência/domínio em apresentações, foque no conteúdo. Estude muito bem o assunto que você irá explanar. Evite falar de improviso.

Isso parece básico, mas o improviso só é recomendado para os oradores mais experientes. E estes, provavelmente, não querem ficar à mercê do acaso na hora de se apresentar. Por isso, planejar-se estudando é o primeiro caminho.

Eu faço da seguinte maneira: crio uma pasta no computador e vou adicionando materiais, links e anotando conceitos de livros. Depois, separo um tempo do dia ou um tempo menor ao longo dos dias para estudar o tema. No mundo ideal, palestrantes sugerem que 15 dias é um tempo interessante para estudar para uma apresentação. Mas, de novo, cada pessoa vai precisar criar seu mecanismo de organização.

Depois e/ou ao longo do seu estudo, comece a pensar no seu público. Comece a pensar sobre quais assuntos relevantes a plateia gostaria de saber. Isso é muito importante para você adequar o seu conteúdo ao seu "cliente". Afinal, já vi palestrantes falarem para si mesmos e esse risco todos nós corremos.
A questão é simples:
- Se você estivesse assistindo uma apresentação, o que você gostaria de ouvir? Ou:
- Em que as pessoas que vão te assistir estariam interessadas?

Você entendeu. A questão é que você deve adaptar a sua apresentação ao público.

Por exemplo, se você vai se apresentar numa reunião de trabalho, pode usar uma linguagem com termos mais técnicos, siglas etc.

Caso vá se apresentar em uma palestra, onde haverá alunos e um público mais geral, aí você pode usar uma linguagem mais informal e abrangente.

Já se for um evento formal como um seminário, é importante dosar a comunicação para que seja mais técnica e assim por diante.

Mas aí você diz: "...estou na dúvida quanto ao público e o seu grau de conhecimento..." Você pode fazer uma pesquisa antes do evento com os organizadores, com professores, na instituição onde o evento vai ocorrer etc. Mas se mesmo assim for difícil, **é bom se apresentar numa linguagem menos técnica possível, tentando privilegiar a todos.**

O que em geral as pessoas buscam numa apresentação?
Informação. E informação relevante.

Elas querem algo útil e que servirá para elas. Aliado à informação, o público também procura entretenimento. Se possível, ele quer passar aquele tempo da sua apresentação de forma **agradável e até divertida**.

As pessoas querem ao final ter a sensação de que elas não perderam tempo.

Então, é importante aqui também dar uma olhada no local onde você vai se apresentar – no caso de uma apresentação e considerando que você não conhece a estrutura física.

Neste caso você deve chegar mais cedo, se ambientar, sentar nas cadeiras pra ter uma ideia da perspectiva de quem vai estar assistindo, verificar a iluminação, testar os equipamentos, a acústica do lugar etc. A questão final aqui desta seção é PLANEJAMENTO.

Resumindo: você deve começar a se preparar para sua explanação partindo do ponto de vista da plateia. Se você conseguir modelar sua apresentação aos seus ouvintes, vai ter um excelente norte para fazer uma oratória excelente.

Passo 2. O poder do ensaio:
Para aumentar a sua autoconfiança, nada melhor do que treinar, treinar e treinar o seu discurso.

Para fazer ensaiar assertivamente, siga estas etapas:
Fase 1: Leia o seu conteúdo em voz alta para si mesmo ou com um amigo de confiança. Vá fazendo os acertos até que esteja "apresentável".

Fase 2: Pratique seus movimentos e linguagem corporal. Avaliar a sua postura corporal pode ser determinante, pois através disso você vai saber se o seus movimentos estão inadequados, se você está gesticulando exageradamente etc.

Fase 3: Realize pelo menos um ensaio completo. Convide um amigo ou um familiar para assistir a sua apresentação usando a roupa que você planeja usar no dia e pratique como se fosse sua apresentação real (Estudos mostram que a vestimenta pode aumentar a confiança e melhorar o seu *mindset* para a apresentação. Vale a pena fazer o teste).

Grave sua apresentação
Há um tempo atrás, fazer um vídeo era algo bem difícil em termos operacionais. Não haviam câmeras muito boas e o preço desses aparelhos era proibitivo. Hoje temos *smartphones* que tem câmeras muito boas. Então, não é uma tarefa tão complicada conseguir gravar sua apresentação. Para isso, talvez o ponto mais difícil então vai ser mesmo ligar a câmera e dar o play, já que muita gente nunca viu a si mesmo num vídeo.

Para ajudar no seu próprio feedback, procure gravar sua fala mesmo que de forma caseira inicialmente. Procure um local onde você se sinta confortável, estruture sua fala e comece a sua apresentação. Procure gravar do jeito que der e só depois, ao assistir, comece a avaliar os seus vícios de linguagem, tom de voz, o tempo da apresentação, o ajuste sobre o que deve ou não ser falado etc.

Passo 3. Busque pontos de melhoria
Depois de fazer sua autoanálise, chegou a hora de você se preocupar em atacar os pontos que você precisa melhorar. Por exemplo, *como você usa suas mãos? Você precisa gesticular mais? Caminhar mais pelo palco?*

Procure trabalhar criticamente seus pontos e treine-os para que fique o mais natural possível.

Passo 4. Busque construir seu estilo: Que tal uma história?
As pessoas buscam conexão, elas querem se identificar com quem está falando. Então, sabendo disso, busque usar um contexto para melhorar sua apresentação.

Por exemplo, planeje-se para quando for falar de alguma situação, correlacionar com uma história fictícia ou real. Quem sente segurança em passar a informação com um pouco de humor, será interessante. De outro modo, não arrisque uma piada se você não tem domínio de um estilo bem-humorado.

Lembre-se: histórias interessantes cativam a plateia.

Passo 5. Naturalidade
Depois de um bom planejamento, é hora de se sentir dono do palco. Tudo bem que no início da sua carreira como apresentador isso será mais difícil.

Porém, ao longo do tempo, isso vai melhorar se você aplicar o que está aqui no livro. Mas a questão que você deve buscar constantemente é ser autêntico, natural. Como disse anteriormente, é legal ter alguém como referência e pode ser um professor, um palestrante, um chefe.

Ou seja, no início, procure modelar os melhores oradores. Depois então vá adaptando ao seu estilo mediante tentativa e erro. Tenha cuidado somente de não copiar totalmente a pessoa que estiver modelando. Como dito, a autenticidade é a grande arma do orador.

Passo 6. Determinação: motive-se a melhorar constantemente
Importante lembrar, que não se consegue fazer tudo certo na primeira vez. A oratória é um aprendizado, é uma constante. Tenha a sua performance como um estudo contínuo, persevere para ser melhor a cada apresentação.

Errou? Corrija e siga em frente. Não deixe de estudar e como já dito, faça cursos, treinamentos e invista em se preparar cada vez mais.

Mas aí alguém pode dizer: *"Eu tenho uma apresentação urgente, para amanhã!"* Aí infelizmente, o jeito é contar com a sorte ou ter se preparado antes não é mesmo?

E olha que situações como esta não são incomuns...

Terminamos aqui uma visão geral da oratória onde falamos sobre a origem e a lógica do medo e os seis passos para uma boa apresentação. A seguir, vamos focar mais no antes, durante e depois de uma apresentação. Sigamos em frente.

CAPÍTULO 2:

O antes, o durante e o depois

1 – Antes da apresentação
Uma boa apresentação começa bem antes da apresentação. Como já dito anteriormente, falar em público envolve estudar bastante o tema, dominar completamente o conteúdo e essa é ainda uma regra de ouro.

Reforçando, procure fazer um fichamento do assunto que você vai falar e esboce um esquema com início, meio e fim considerando claro, o tempo que você tem para falar. Entenda que quanto mais você dominar o assunto (estudando, estudando e estudando), mais vai ter confiança que é a mola mestra de uma oratória.

Um mito comum das pessoas é que se ela estudar demais, vai dar um branco na hora da apresentação por excesso de conteúdo.

O grande segredo é estudar e **depois, num segundo momento é escolher o que não falar.** Sim, é isso mesmo. Você estuda, estuda e estuda e depois faz uma escolha de excluir excessos.

Um erro comum de oradores iniciantes é tentar esgotar o assunto numa fala de 20 a 40 minutos. Isso é um engano. **Você deve fazer uma escolha consciente de não falar determinados assuntos do seu tema.**

Isso é interessante para deixar um gostinho de quero mais na plateia. Grandes oradores sabem dessa técnica e a usam ao seu favor, onde aprendem com o tempo a usarem a objetividade como arma. Sobre isso, observe o que disse o ex-presidente americano

Franklin Delano Roosevelt:

"Seja sincero. Seja breve. Sente-se".

A fala de Roosevelt relata bem a arte da oratória. Fale com sentimento e autenticidade, depois, respeite o tempo das pessoas. Por último, sente-se.

Então, que fique claro: Estude o seu tema e escolha o que você vai e o que você não vai falar. Não seja como grande parte dos apresentadores que tentam esgotar o tema e acabam se perdendo nos seus argumentos, sendo prolixos.

Voltamos a falar do ensaio. Como já disse aqui no livro, você pode ter conhecimento, saber o que não dizer, saber usar um estilo adequado de fala, mas sua apresentação será melhor a cada momento que você ensaiar. Quando digo ensaiar, é praticar a fala.

Falando novamente sobre o local onde você vai se apresentar, se você conseguir ir a sala ou auditório da sua defesa antecipadamente, teste principalmente se as letras e imagens do seu Powerpoint (ou Canva) estão visíveis. Se possível, é bom testar o som do local. Todos esses passos podem diminuir a chance de algo dar errado. Saiba que eventualidades podem acontecer, mas grande parte das coisas que podem dar errado, estão sob seu controle. Esteja preparado.

2 – Durante a apresentação
Como já dito, na hora de entrar em cena, o nervosismo é normal (até mesmo em oradores experientes). Para acalmar, use um ou mais recursos que falamos no capítulo anterior. Na hora da apresentação, suba ao palco e organize o seu material, demonstrando organização e domínio.

<u>Ao começar a falar, respire fundo; não se esqueça dos cumprimentos e em seguida, diga que aquela apresentação e o seu tema são</u>

importantes e qual o benefício ou o resultado as pessoas podem esperar da sua explanação. Tente falar com emoção e entusiasmo.

Na hora dos argumentos mais contundentes, apoie-se em autores ou pessoas de renome, apresente argumentação coerente, fuja de temas ou assuntos polêmicos e se for usar o humor, tome cuidado para não exagerar.

3 – Depois que a sua apresentação acabar
Próximo do fim e obedecendo ao tempo, sinalize que já está concluindo. Fale: "Por fim, quero apresentar...", "Concluindo...".

Ao finalizar, abra espaço para as perguntas. Não é de bom tom sair logo do palco, como se estivesse com pressa (a não ser que seja uma regra da programação do evento).

Dê um tempinho. Se não houver perguntas, saia devagar... e se houver pessoas a lhe cumprimentar, atenda-as cordialmente.

Algumas dicas gerais:

Checklist para falar em público e se dar bem

- **Seja você mesmo**

Procure falar de forma autêntica, como você é no dia-a-dia. Não crie um personagem. A dica é: seja o mais natural possível.

- **Tom de voz**

Falar alto demais, agride. Falar baixo demais, denota introspecção, medo, insegurança...

Procure ensaiar e praticar alternando o tom de voz. Procure se adequar ao ambiente da apresentação.

- **Dicção**

Pronuncie bem as palavras, feche plurais, mantendo a naturalidade ao falar em público.

- **Ritmo e volume**

Mantenha um ritmo que seja agradável. O que manda é o equilíbrio. Se você falar rápido demais, dá sinais de que você quer esconder o conteúdo, ou que não sabe o que está falando.

Falar devagar demais, cansa e é enfadonho. Falar com o mesmo volume a apresentação inteira também ninguém merece... Procure então alternar o volume e a velocidade.

- **Vocabulário**

Use a linguagem adequada ao ambiente. Se está numa apresentação na empresa, nada de palavrões, gírias etc.

Ah, veja se na sua apresentação, há pessoas leigas em determinado assunto. Se assim for, evite siglas ou termos que só são falados no ambiente da sua empresa.

- **Vícios de linguagem**

São muitos os vícios de linguagem. Os mais comuns pelo que tenho visto são o "né", "tá?", "ok?"

Também é comum no fim das frases... "hãããã", "ééééé"...

Nos seus ensaios, combata esses vícios.

- **Postura**

Existem vários erros de postura, porém os mais comuns são as mãos nos bolsos o tempo todo e os braços cruzados.

De forma geral, mantenha uma postura ereta, com os braços alinhados ao corpo. Gesticule de forma suave e se movimente também de forma equilibrada.

Até aqui falamos sobre o antes, o durante e o depois da sua explanação oral. Na próxima seção, vamos nos concentrar no refinamento da sua apresentação.

CAPÍTULO 3:

Os próximos passos

Aqui neste capítulo, vamos focar em algumas coisas a serem feitas para quem já deu o primeiro passo e já está conseguindo se apresentar. Não se preocupe se você ainda não conseguiu se apresentar plenamente. Continue a leitura, anote e após começar, volte aqui aos conceitos para continuar "afinando o machado". Vamos a alguns passos importantes para você melhorar cada vez mais.

Passo 1: Amplie sua retórica
O professor de Harvard, John Antonakis conduziu um estudo focando a comunicação na questão do carisma.

Ele descobriu que quando executivos utilizavam táticas verbais trabalhando o carisma, seus índices de liderança aumentavam em 60%.

O carisma envolve trabalhar a lei da afinidade. A ideia é que você trabalhe para ser gostado logo no início. E o básico para fazer isso está em ser agradável, solícito e polido.

A plateia primeiramente deve ter uma noção clara de que você está ali para falar por prazer. Nunca demonstre na sua oratória que você não sabe o tema, que você foi "chamado de última hora" para falar etc. Atitudes assim, depreciam sua própria apresentação e desconectam com o público.

Um segundo ponto para trabalhar o carisma é cumprimentar a todos em alto e bom som e ter um sorriso no rosto logo de início. Tenha essa atitude e ao começar a falar não peça desculpas. Sim, isso mesmo. **Não peça desculpas por nada, a não ser se você errar uma palavra, tossir, deixar algo cair no chão ou não escutar direito uma pergunta vinda da plateia.**

Vou te contar um segredo: os dois momentos mais importantes de uma apresentação são o início e o fim. Mas falando desses dois, todo início de uma apresentação é a parte mais importante e na qual você deve focar todo o seu esforço.

Se você começar bem, entrando com um andar confiante e calmo, cumprimentar a todos e sorrir, vai começar muito bem. Aliado ao contexto do tema, diga a importância do seu tema e até mesmo o quanto você gosta de falar sobre ele.

Fazendo dessa forma, seus ouvintes tenderão a tirar a desconfiança inicial e assim pensar: *"Legal, essa vai ser uma boa apresentação"* ou *"Bacana. Vou aprender algo nessa palestra".*

Passo 2: O poder das metáforas

O que são metáforas? Metáforas são figuras de linguagem; mais particularmente, uma figura de palavra, pois apresenta uma palavra (ou expressão) com sentido figurado. Assim, podemos definir metáfora como sendo uma espécie de comparação, porém uma comparação implícita.

Na organização da sua palestra, você pode incluir as metáforas visando dar um "tempero" ao seu conteúdo. Já dado o conceito, é melhor exemplificar para que você tenha a exata noção do poder das metáforas.

Um exemplo:
"Com o jovem está a força, com o velho a sabedoria."

No caso da frase acima, o orador poderia dizer diretamente que precisamos das pessoas jovens por serem mais impetuosas e das pessoas mais velhas por serem mais sábias. Mas, ele preferiu usar uma metáfora para tornar a fala mais elegante e ser melhor entendido pelas pessoas.

Há diversos exemplos de formatos de metáforas como por exemplo, campanhas publicitárias, charges e outros que você pode colocar como imagem nos seus slides e assim trabalhar a metáfora de uma outra forma.

Só procure ter cuidado com o contexto, pois existem muitas metáforas que poderão causar um efeito contrário. Metáforas como *"encher linguiça", "falar abobrinha"* ou *"docinho de coco"* acredito que devem ser evitadas por serem em muitos casos, informais demais.

Importante: Não use metáforas em bancas de trabalho final de curso em graduação, mestrado ou doutorado. Essas apresentações têm cerimônias específicas e são extremamente formais. Outros contextos como uma defesa em um júri e outros que você enxergue que não há espaço para as metáforas, evite-as.

Peço que você estude mais as metáforas, seja lendo mais sobre isso ou assistindo palestras e tentando identificá-las. A questão é que quando temos esse recurso linguístico, tendemos a entender melhor o assunto e a aumentar a retenção da informação.
Usando uma metáfora, você vai perceber as pessoas acenando mais com a cabeça e demonstrando mais expressões favoráveis ao que você está falando.

Passo 3 – Liste as partes do seu discurso
Depois de estudar o conteúdo, um recurso que você pode utilizar é tentar dividir sua explanação em "Momentos". Nesse caso, o que eu sugiro é dividir em três momentos distintos. Foque por exemplo em estruturar um início, meio e fim.

Você deve pensar no público e quebrar o assunto em três partes que serão relevantes para a plateia. Essas âncoras vão ajudar a plateia a lembrar que recado você queria dar. Eu posso pensar numa apresentação mais ou menos como:

- **Início:** Contexto inicial do tema, origem, conceitos gerais.

- **Meio:** A justificativa, ou o porquê da importância do tema, desafios, dados que ancoram o assunto etc.
- **Fim:** Reflexões finais, análise crítica, sugestões de pesquisas etc.

Ao dividir todo o seu conteúdo em momentos, facilitará a organização global da sua fala e poderá dar um caminho mais compreensível para os ouvintes.

A seguir, um outro recurso importantíssimo: as perguntas!

Passo 4 – Perguntas reflexivas

No início e/ou durante pontos estratégicos da sua fala, organize o seu discurso para fazer perguntas que façam as pessoas pensarem, refletirem.

Se você estiver numa palestra de tom social, como Mudanças climáticas, poderá utilizar perguntas mais dramatizadas como:

- *"Quantos de nós pode dar essa contribuição para o futuro?"*
  ou
- *"Quantos de vocês se viram na história desse homem?"*

A razão para o poder das perguntas está na lei da coerência. Aprendemos desde cedo que para tudo tem um porquê. Ou seja, devemos responder a algo que nos foi solicitado para "fechar o ciclo" – mesmo que a resposta seja interna.

Uma apresentação pode ter uma pergunta norteadora como forma de incentivar as pessoas a tomarem uma ação. Mas, como um recurso, as perguntas devem ser usadas em momentos específicos. Se você usá-las toda hora, vai causar o efeito contrário e prejudicar o entendimento do seu tópico.

Passo 5 - Fale poderosamente

Confiança é tudo em uma apresentação. Você então deve se certificar de que está transmitindo uma mensagem forte e poderosa.

A escritora e palestrante Nancy Duarte estudou anos a fio os grandes oradores e como a fala dessas pessoas era poderosa. Basicamente o que Nancy Duarte concluiu é que os pontos principais para falar poderosamente, gerando engajamento são:

1 – O que é: Comece sempre explicando o problema gerador do seu discurso. Ou seja, o grande porquê de você estar ali falando e o que você deseja mudar com a sua apresentação/discurso.

2 – O que poderia ser: Se todos seguirem as suas dicas na palestra, como a vida deles seria? O que mudaria?

Grandes oradores pintam um cenário hipotético de um futuro melhor com a resolução do problema citado no item 1.
Veja um exemplo prático do discurso de Steve Jobs no lançamento do iPhone:

"Então, hoje, adicionamos ao Mac e ao iPod. Nós adicionamos a Apple TV e agora o iPhone. E você sabe, o Mac é realmente o único que você pensa como um computador. Certo? E então pensamos sobre isso e pensamos, você sabe, talvez nosso nome deva refletir um pouco mais do que isso. Assim, estamos anunciando hoje que estamos descartando o computador do nosso nome e, a partir de agora, seremos conhecidos como Apple Inc., para refletir o mix de produtos que temos hoje… O Mac em 1984 é uma experiência que aqueles de nós que estavam lá nunca esquecerão. E eu não acho que o mundo vai esquecer também. O iPod

em 2001 mudou tudo sobre música, e vamos fazê-lo novamente com o iPhone em 2007."

Quando tiver explicado todos os seus pontos, finalize a sua fala, tentando criar uma visão clara do que o seu público pode esperar ao seguir o seu conselho, investir em sua empresa, implementar o seu plano etc.

Para ampliar os conhecimentos, assista a palestra da Nancy Duarte no TED. Vou deixar o link nas referências do livro.

Passo 5 - Não peça desculpas
Voltando a falar sobre não pedir desculpas, vamos exemplificar alguns casos onde isso pode ser algo destrutivo na sua apresentação. Reflexão: por que pedimos desculpas afinal?

Basicamente por causa do nervosismo e sensação de vulnerabilidade por estar à frente das pessoas. Quando nos sentimos nervosos, dizemos coisas como *"É apenas a minha opinião"* ou *"não tenho certeza"* ou *"posso estar errado, mas..."*.

Como já dito, evite ao máximo pedir desculpas. Se você estiver nervoso e pedir desculpas por isso, não vai ajudar em nada. Algumas pessoas podem ficar com pena de você, mas acho que uma maioria vai tirar o crédito da sua apresentação.

Então, principalmente por causa do nervosismo, não peça desculpas. As pessoas vão ver na sua postura, no tom trêmulo da sua voz que você está nervoso. A questão que todos querem saber é como você vai lidar justamente com esse nervosismo e conseguir continuar a sua fala.

O remédio para aumentar a confiança em suas apresentações, é fazer algo que já falamos aqui: Estudar muito o seu tópico.

Outra arma poderosa (já falada) após o preparo do conteúdo da apresentação, é o ensaio. Uma vez que você tem confiança no seu conteúdo, ensaie em frente a amigos, em frente ao espelho ou mesmo grave sua apresentação no seu smartphone.

No fim de tudo, bons oradores sabem que não se deve ser unanimidade em tudo. Todos temos pontos que agradam e desagradam. Até porque, **numa fala sempre é preciso ser controverso, um tanto polêmico ou realista para colocar um pensamento de reflexão na mente das pessoas.** Afinal, você estará tocando as pessoas nas suas emoções.

Passo 6 – Domine o seu comportamento não-verbal
Pesquisas defendem que a linguagem corporal fala mais alto que a voz. E isso faz sentido mesmo.

A pesquisadora comportamental e palestrante Vanessa Van Edwards pesquisou com a sua equipe horas e horas das palestras do TED mais assistidas. Um experimento foi feito colocando pessoas para assistirem aos vídeos do TED com o som desligado. Após assistirem, notas eram dadas para a performance dos palestrantes. Depois, os pesquisados assistiram aos mesmos vídeos com o volume normal e avaliaram novamente. Os resultados mostraram que as notas dos vídeos nas duas modalidades foram praticamente as mesmas.

Esse experimento concluiu que os gestos com as mãos, a postura, sorrisos e a variedade vocal são essenciais para cativar o público. <u>No geral, ficou evidente que as palestras mais bem avaliadas eram onde os oradores gesticulavam mais.</u>

Algo importante também em relação à linguagem não-verbal é a movimentação corporal: a questão é que quando ficamos nervosos, tendemos a ficar parados e não se movimentar, num processo de diminuição do espaço que o nosso corpo ocupa.

Nos seus ensaios e na sua apresentação, busque se movimentar, criando uma dinâmica maior e fixação dos assuntos. Evite gestos de defesa/bloqueio como cruzar os braços, colocá-los nos bolsos ou algo assim.

Alguns oradores sugerem que a pessoa segure em uma das mãos algo como um microfone, o passador de slides etc. Teste e veja se isso é útil para você.

Passo 7: Direcione a energia do seu medo
Já vimos que falar em público é um estado de estresse social. Ou seja, o grande desafio e que vamos aprendendo a lidar é justamente usar a energia do medo a nosso favor.

Para isso, procure colocar paixão na sua fala, demonstrando gosto pelo assunto que você está falando. Por exemplo, a empresa *Quantified Communications* analisou através de software as vozes de oradores e descobriu que os mais confiantes demonstram 23% mais paixão do que palestrantes mais nervosos no seu tom de voz.

Se você está nervoso para falar em seu próximo discurso, canalize a sua energia nervosa para demonstrar paixão máxima pelo seu tema e compartilhar o seu melhor com o público. Nervosismo e excitação são emoções parceiras nesse momento e todas as duas aumentam a sua performance, se bem usadas.

Passo 8 – Inclua o público na sua apresentação
Outra descoberta da empresa *Quantified Communications* foi em torno do público. Eles descobriram que os palestrantes mais confiantes usam 46,9% mais de linguagem assertiva do que palestrantes nervosos, o que significa que eles usam palavras colaborativas e pronomes pessoais para ajudar o público a se sentir mais envolvido na mensagem.

Essa descoberta pode indicar que os palestrantes mais confiantes são voltados para a comunidade e sugere que a linguagem impulsionada pela afinidade/simpatia pode ajudar os falantes nervosos a construir confiança ao superar o medo evolucionário do ostracismo.

Conclusão: Não fale para a plateia, fale com a plateia.
Você pode criar atividades, facilitar sessões de perguntas e res-

postas ou fazer chamadas para o público? Pense em alguma forma de pedir a participação das pessoas.

Lógico que nem todos os ouvintes participarão e nem é essa a sua intenção (senão vira um debate). Algo a se considerar é fazer *quizzes* ou enquetes. Hoje isso é possível com ferramentas como o Google Forms, Mentimeter e outros.

Passo 9 – Use uma dose de emoção
Alguns defendem que não se deve expressar emoções em palestras. Porém, é justamente o contrário.

O palestrante ou o apresentador deve mostrar o seu lado humano, emocional. Atualmente, devido a frieza de algumas apresentações formais e com o advento da falta de atenção, engajar a plateia demonstrando situações onde se venceu um desafio, é essencial.

A emoção adiciona sabor ao discurso e dá mais autenticidade à sua apresentação. E somado com as histórias e metáforas, que já falei aqui, sua explanação será incrível.

Escolha uma história em que possa compartilhar e que contenha:

- Paixão
- Vulnerabilidade
- Temor
- Arrependimento
- Excitação
- Medo
- Poder

Passo 10 – Resolva um problema
Conforme já dito sobre dividir a sua apresentação em 3 partes, proponha no início da sua fala, qual problema você está tentando resolver com o seu discurso/palestra.

Nas suas pesquisas, a autora Nancy Duarte chegou à conclusão de que todos os grandes discursos começam com um problema, com algo o qual queremos nos envolver. **Apresentar um problema, cap-**

tura a atenção das pessoas. O problema é apresentado e o palestrante propõe a solução, o que alivia ao público.

Dois exemplos:
1) Problema: *"Quantas vezes você já entrou em uma festa ou evento de networking e instantaneamente se sentiu desconfortável?"*

Solução: *"A melhor maneira de combater sua estranheza é com uma rotina de sucesso."*

2) Problema: *"A parte mais difícil das vendas é criar confiança. Você adora seu produto, adora sua marca, mas não faz ideia de como compartilhar esse amor com um cliente em potencial sem parecer agressivo ou com spam."*

Solução: *"Há uma maneira incrivelmente fácil de corrigir isso. Eles são chamados de indicadores de confiança ".*

Estamos finalizando este capítulo e o livro. A seguir, vamos fazer alguns comentários finais, mas uma última recomendação que está em todo este livro é que você tome a atitude de ser uma hacker do comportamento humano!

Seja um hacker modelando o comportamento dos grandes apresentadores. Depois, treine e treine, aplicando as melhores práticas para se tornar o próximo campeão das apresentações em público!!

CONSIDERAÇÕES FINAIS

Se você chegou até aqui, eu te parabenizo pelo interesse em se tornar uma pessoa mais influente através da oratória de alta performance.

Como dito, falar em público é algo que é simples mas não é fácil. **Mas quero dizer que se você se esforçar para vencer esse jogo, sua vida pode dar uma reviravolta.** Eu mesmo sou um exemplo de que falar bem, pode ser determinante numa carreira. Eu já fui muito, muito tímido e só comecei a efetivamente falar em público depois de jovem, na faculdade.

A minha jornada em aprender a falar melhor começou quando decidi não sentir mais a dor de ser invisível. Então, eu sou a prova de que é possível vencer TODAS as limitações se você primeiro decidir vencer esses medos.

Quando você decide verdadeiramente e se concentra no resultado, na glória e no prazer de receber as palmas do que o trabalho de ter que sair da sua zona de conforto, sua jornada rumo a uma comunicação memorável vai começar.

Depois da decisão de começar a falar em público, comece a estudar constantemente como melhorar. **Isso é algo mágico: a preparação, a perseverança, o esforço... tudo isso vai te ajudar a chegar mais longe.** Eu mesmo comecei lendo livros e depois fui avançando cada vez mais estudando e hackeando os melhores oradores. Também comecei a assistir palestras e aulas com um olhar crítico.

No meu caso, minha esposa sempre me observou me direcionando onde eu podia melhorar e isso pode ser um fator importante para você também. Se você tiver uma ou mais pessoas que possam te dar direcionamentos nos itens que precisa melhorar, vai ser muito útil.

No fim de tudo, a prática leva à perfeição. Aprenda, aplique e mensure o resultado. A velocidade de aprendizado e prática, na minha opinião, é a chave para o sucesso. Faça assim: aprenda, pratique, avalie e depois recomece o processo. Desta forma, eu tenho certeza de que suas apresentações vão ser cada vez mais memoráveis!!

Obrigado por ler e se esse conteúdo foi útil para você, compartilhe-o com algum amigo. Se puder deixar suas impressões sobre o livro na plataforma que você o adquiriu, vai ajudar muito a direcionar o meu trabalho e melhorar cada vez mais.

Desejo muito sucesso na sua caminhada. Até breve.

Prof. Danilo Mota

BÔNUS:

Mapas mentais para consulta
Dicas para a sua apresentação:
https://mm.tt/app/map/2981448311?t=Yg9O0nJGfB

Como encerrar uma apresentação:
https://mm.tt/app/map/2969281832?t=NMzVrOCoPJ

REFERÊNCIAS:

Carnegie, D. Como falar em público e encantar as pessoas. Companhia Editora Nacional, Rio de Janeiro, 2011/12.

Carnegie, D. Como fazer amigos e encantar pessoas. Companhia Editora Nacional, Rio de Janeiro, 2016.

https://www.scienceofpeople.com/public-speaking-tips/

https://www.scienceofpeople.com/how-to-give-captivating-presentations/

https://hbr.org/2012/06/learning-charisma-2

https://hbr.org/2019/09/to-overcome-your-fear-of-public-speaking-stop-thinking-about-yourself

https://joyfulpublicspeaking.blogspot.com/2015/06/five-most-common-fears-for-younger.html

https://pdfs.semanticscholar.org/786d/94c6a7cdd89b-c24730b7804f51b4a7519be0.pdf

https://blog.soap.com.br/falar-em-publico-dicas-para-aplicar-as-tecnicas-de-oratoria/

https://brasilescola.uol.com.br/gramatica/metafora.htm
https://blogs.chapman.edu/wilkinson/2015/10/13/americas-top-fears-2015/

https://www.scienceofpeople.com/public-speaking-tips/

Palestra de Nancy Duarte no TED: https://www.ted.com/talks/nancy_duarte_the_secret_structure_of_great_talks/transcript?language=pt-br

https://www.duarte.com/

https://www.ourdocuments.gov/doc.php?flash=true&doc=70&page=transcript

https://www.psychologytoday.com/intl/blog/the-real-story-risk/201211/the-thing-we-fear-more-death

https://www.quantifiedcommunications.com/blog/why-do-we-fear-public-speaking/

Links do site do autor com conteúdos adicionais para leitura:

https://www.superedesafios.com.br/a-importancia-da-expressao-corporal-na-sua-oratoria/

https://www.superedesafios.com.br/falar-em-publico-com-discurso-de-mestre-voce-pode/

https://www.superedesafios.com.br/vai-se-apresentar-em-publico-entao-seja-voce-mesmo/

https://www.superedesafios.com.br/como-conseguir-falar-em-publico/

https://www.superedesafios.com.br/guia-completo-para-apresentar-o-seu-tcc-de-forma-memoravel/

https://www.superedesafios.com.br/como-fazer-uma-apresentacao-chata-se-tornar-memoravel/

https://www.linkedin.com/pulse/o-carisma-como-diferencial-para-sua-lideran%C3%A7a-danilo-mota/

Redes sociais do autor:
Instagram:
https://www.instagram.com/professordanilomota/

Facebook:
https://www.facebook.com/profdanilomota

Linkedin:
https://www.linkedin.com/in/profdanilomota/

Pinterest:
https://www.pinterest.ca/profdanilomota/

Este livro e sua capa foram editados com o apoio do software gratuito Canva.com

ABOUT THE AUTHOR

Prof. Danilo Mota

Prof. Danilo Mota é capixaba e mora no litoral do Espírito Santo. É casado e pai da Mari e do Gui. Na infância e adolescência foi uma pessoa muito tímida e só na faculdade começou a despertar para o poder da comunicação interpessoal. Após uma longa jornada de aprendizados e já como professor, decidiu empreender na internet e depois escrever seus aprendizados em livros didáticos e simples como este que você tem em mãos.

BOOKS BY THIS AUTHOR

Como Conversar Bem

Conversar bem é uma ciência e uma arte e nesse livro, eu mostro como iniciar e manter conversas para que você tenha mais relacionamentos. Conversar faz parte do cotidiano humano e dar atenção a esse tema, é um bom investimento para qualquer pessoa. Esse é um livro simples e prático para ajudar tanto quem é mais introvertido ou tímido, até quem se interessa por áreas da comunicação, como oratória, influência, persuasão e linguagem corporal.

Método Do Carisma

Nesse livro você vai aprender a como ser uma pessoa mais carismática, influente e que gera relacionamentos mais constantes e saudáveis!
Eu, Prof. Danilo Mota vou te ensinar a tecnologia por traz das pessoas que conseguem resultados através dos relacionamentos. Vou te entregar tudo o que aprendi ao longo de 15 anos em sala de aula, cursos, treinamentos e palestras aliado a pesquisas científicas!

www.ingramcontent.com/pod-product-compliance
Lightning Source LLC
Chambersburg PA
CBHW070943220526
45469CB00007B/2499